Horst Lothar Renner

# gegebenheiten
texte

Bibliografische Information der Deutschen Nationalbibliothek:
Die Deutsche Nationalbibliothek verzeichnet diese Publikation in der Deutschen Nationalbibliografie; detaillierte bibliografische Daten sind im Internet über http://dnb.ddb.de abrufbar.

ISBN 978-3-96103-411-6



www.rediroma-verlag.de
8,95 Euro (D)

**horst lothar renner**

# gegebenheiten

texte

# stein

## eine einkreisung

wer bleibt
wo er ist
wird nicht sein
wo er war

sprache
sprechen
sprache
leben
leben
leben
überleben
über
leben
sprechen
über die mühen
über die plagen
über die kurze zeit
dazwischen
über den rhythmus
pause
anspannung
pause
stein
den stein bewegen
in bewegung halten
sich dagegenstemmen
den stein rollen
rollen

zentimeter um zentimeter
nach oben
immer nach oben
im steilen gelände
auf sandgrund
über wiesenstücke
im fels
stein auf stein
nur ein kurzer blick
ins tal
in die ebene
und
schon sind hunderte meter
verloren
verloren
wie in der erinnerung
wie in alten zeiten
und vor augen
die vergilbten fotos
der alte mann
hammer und meisel
der quatratische block
steinblock
standbild
doch die fantasie
spult den film
ab
schlag folgt auf schlag

unzählige schläge
stein spritzt vom stein
und der
bekommt eine neue form
rund
wie die weltkugel
oder in scheibenform
ja
alte sicht
altes verständnis
alte wahrheit
vergängliche wahrheit
verlogene wahrheit
wie die geschichten
die falschen geschichten
die ungenauen
geschichten

die unvollständigen
erzählungen
die auslassen
die verändern
die
schönfärben
die das ich
über das wir
setzen
die erzählen

weil erzählen
weniger bedarf
als reden
ein urteil zu fällen
ist leichter
als kritik zu üben
den stein zu bewegen
ist schwieriger
als den stein
zu behauen
wenn es so ist
ist es so
manchmal
stein
stein
aus sandstein
aus marmor
aus granit
entstanden
ist vieles
das steinerne tor
die nachbarliche treppe
die himmelsstiege
herausgesprengt
herausgeschlagen
das permanente echo
der schreie
des wimmerns

des röchelns
legte sich
wie die staubwolke
und der penetrante gestank
über
das land
kurzgeschichte
nicht erzählt
vergangenheit
nicht zugelassen
ruhe
jetzt
in die natur gewandert
über stock und stein
durch umliegende dörfer
hie und da
dort
die friedhöfe besucht
die steinbetten
die steindecken
die steinernen kreuze
wahrgenommen
und vereinzelt
die namen gelesen
namen
die ins auge springen
die erinnerungen hervorrufen
die

die fantasie
zum laufen bringen
gertrude
ja
ein stein ist ein stein ist ein stein
vergänglich
und doch
die andachtsstätte
verlassen
und in den wald eingetaucht
das muster
hell
dunkel
in immer wieder neuen variationen
durchschritten
gitterschatten
schattengitter
eingemauerte gitter
fenstergitter
was liegt dahinter
wer steht dahinter
wer steht davor
gefangenschaft
freiheit
ungleichheit
und keinen steinwurf entfernt
die heile welt
mit all der verderbtheit

die denkbar ist
den letzten schritt überlegt
gesetzt
getan
und mit offenen armen in die wiese getaucht
und den duft eingesogen
die gedanken
dem tastsinn untergeordnet
mit der hand
kreise gezogen
und halm um halm
durch die finger
gleiten
lassen
stumpf
scharf
weich
formenmix
die farbschattierungen
bei geschlossenen
augen
nur geahnt
tiefer und tiefer
in die liegestatt
eingedrungen
wie moos
wie moos
erde

sand
wurzelwerk
schlüpfriges
feuchtes
sich bewegendes
weitergeschürft
tiefer
und an das ende der möglichkeit
gestossen
stein
harter widerstand
undurchdringlich
abweisend
eine natürliche grenze
stillstand
aufgestanden und
eine andere richtung
eingeschlagen
die landschaft
durch eine andere ersetzt
saitenspiel
eröffnete fremde musik
dem seitenspiel im atlas angepasst
das kartenspiel wiederum brachte
orte
städte
länder
erdteile

in willkürlicher reihenfolge
zum vorschein
ein kaleidoskop
geheimer wünsche
ungestillte vorstellungen
drängten in den vordergrund
und liessen den standort
weit hinter sich
mit beiden beinen
auf dem boden
mit den gedanken
aber
ja
wo
wohin
bis wohin
reicht die schöpferische kraft
des
einzelnen
wer
oder was
ist stein des anstosses
wer macht den ersten zug
eröffnet die partie
spielerisches geplänkel
davor
die figuren warten in stellung
die steine sind bereit

und
mit steinernen minen
üben sich die gegner
in psychologischer einschüchterung
gesprochen wird nichts
nichts ist zu sagen
was nicht schon gesagt
wäre
spannung liegt über der spielstätte
künstlich erzeugt
denn der raum
hat
nichts aussergewöhnliches
an sich
helles licht
weisse wände
strukturierter boden
steinboden
auf der einen spielerseite
wird ein bein über das andere gelegt
linkes bein
über das rechte
gegenüber
wird reagiert
rechtes bein
über das linke
eine hand greift
nach einem weissen stein

bauer auf c drei
und auf a vier
papier
haben die bauern
ihren ernteertrag notiert
die jahresvergleiche gezogen
die schlechten
und die guten jahre
gegenübergestellt
und abzulesen war
das einfache leben
das arbeitsreiche leben
das harte leben
das naturverbundene leben
das überschaubare leben
das familienleben
das bauernfamilienleben
und dieses leben
traf auf jenes leben
traf auf
das handwerksfamilienleben
ein aufeinandertreffen
eigentlich
ein hand in hand gehen
ein aufgehen
ein eingehen
ein miteinander gehen
für lange zeit

der eine
schlug seine steine
rund
schlug auch die löcher hinein
der andere
veränderte die lage
zur grundlage
existenz sicherte existenz
für lange zeit
dann
nein
nicht sofort
langsam
schleichend
überraschend
erleichterung versprechend
einerseits
bedrohend
andererseits
tauschte der bauer pferd
gegen zugmaschine
und der steinmetz opferte seine hand
der
mechanik
lebenswürdig war das leben
lebenswert
und leicht
zeit lief nicht ab

zeit liess sich
geniessen
zeit hatte eine neue eigenschaft
und die realität
glitt zögernd
in die wirklichkeit
der bauer
blieb bauer
bleibt bauer
und die
die dem stein
ihr auskommen verdankten
wurden weniger
immer weniger
wurden arbeitslos
oder künstler
eine formulierung
die zum schmunzeln reizt
die den zustand aber benennt
mittellos
eben mittellos
ohne wert
für die gemeinschaft
ohne sichtbaren wert
ausgegrenzt
stigmatisiert
und sie wurden
mehr

und
mehr
die zwei klassengesellschaft
startet durch
kommt in fahrt
und breitet sich aus
auf der einen seite
der gewohnte ablauf
auf der anderen seite
lethargie
müdigkeit
und
ein pausenloses dahindämmern
das den ansatz
schon längt verlassen hat
wie die kreise auf der wasseroberfläche
die
nach aussen drängen
nachdem der stein
der geworfene stein
den mittelpunkt markiert hat
es lebt sich gut an einem ort
wo freunde sind
wo türen
offen stehen
wo jedermann
dich grüsst
du hast die form

skizziert
den stein geformt
geschlagen
und gekratzt
poliert steht er
nun öffentlich zum kauf
dreht euch nicht weg
dreh dich nicht weg
bei ignoranten
dreht euch nicht weg
seht hin
hört hin
der stein
er spricht
er sucht den dialog
wer durch die stadt geht
hört das raunen
die nachricht
kommt von allen seiten
dringt aus alten mauern
lauert in den dunklen gassen
aus tor
und fenster
kommen stimmen
sie tönen von vergangenem
sie scheinen ohne engagement
und werten nicht
ein fest für alle

ist kein fest für jeden
ein fest für alle
ist für gleichgesinnte nur
der bürgermeister
und die namentlich
genannten
spielen auf jedermann
sie dilettieren
sprechen fremden text
vom blatt
und der
der frei palavert
redet sich ins out
parteienfreundlich
sind die feste angelegt
die menschenwürde
steht da nicht im mittelpunkt
die bürger sind zufrieden
sie sind laut
und satt
und haben ihren durst
gestillt
der zweck
war das programm
der stein der weisen
wurde nicht gefunden
er bleibt verborgen
wie es zu erwarten war

was an die oberfläche
drängt
sind zeitsprünge
was tauschbar ist
wird ausgetauscht
und nur die steine
bleiben fest verankert
wo sie sind
in heimatlicher erde
die heimatstadt
ist eine stadt
wie jede andre auch
und doch
die heimatstadt
ist rückblick
und
vergangenheit
und doch
die heimatstadt
versucht sich anzupassen
doch
menschen
wohnen unterschiedlich
leben unterschiedlich
denken unterschiedlich
meinungsgleich
und doch
sie sind dafür

sie sind dagegen
sie wähnen ihre stadt
im grünen
sie sehen ihre stadt
in rosarot
sie sehen schwarz
kultur
kann zeichen setzen
den stein ins rollen
bringen
und farbloses
in farbe tauchen
die uhr zeigt uns die zeit
die zeiten zeigt sie nicht
die dokumente
haben lücken
oder
sind verschollen
was ist zu tun
was war zu tun
ein stadtschreiber
wurde gesucht
gefunden
und er schrieb
wenn es bleibt
wie es ist
wird es nicht sein
wie es war

und

der text

ist in arbeit

fortsetzung

folgt

# texttheater

hälig hälig
sullekum
wade
hälig hälig
sagte er
machte eine kurze pause
erster akt
erste reihe
erster rang
erste vorstellung
erster schauspieler
sagte er nebenbei
doch keiner bringt es besser
dieses
hälig hälig
sullekum
wade
nein
der hintergrund ist nicht die unendlichkeit
grundlage
untergrund
nicht grundlos
sagt er
grund
los
und tritt dabei in den vordergrund
vorhang auf

vorhang auf oder zu
bleibt so
bleibt immer so
ja
    bleibt immer so
ansichtssache
die periphere sicht
                                        ist am besten
bei geschlossenen augen
augen zu
auch beim durchforsten
der vergangenheit
vergangenheit
                              gegenwart
                                            zukunft
ein schwer entwirrbares gefüge
doch erzählgeeignet
nicht hier
                  und nicht jetzt
leben ist nicht theater
aber theater
                      ist leben
wenn es theater sein soll
wenn es theater sein will
es muss
                wenn es will
jetzt

das ereignis war
ist
jetzt
das ereignis war
ist
hier
bühnenreif
merkwürdig
diskussionswürdig
und
ein poetischer akt
ein vorlauf
aller nachkommenden bilder
jugendbilder
der junge mann
das mädchen
die frau
die wiese
die decke
das weisse tuch
frühstück im grünen
berührung im grünen
im wasser
was noch nicht zu sehen war
was noch nicht zu sehen ist
ist
dahinter

unmöglichkeiten
flossen aus den kulissen
stürzten über die rampe
und erstarrten
langsam
zähflüssig
gummiartig
biegsam
ein elastischer umgang
mit den zeiten
vergangenheit
gegenwart
hatten keine wichtigkeit mehr
die frage
war keine frage
und die antwort
ist keine antwort
eine form löst sich auf
eine andere bildet sich
mäandert träge
einer lösung zu
oder quirlt
über sandigen boden
oder stürzt
in ein loch
es ist
der fünfzehnte buchstabe im alphabet

sinnsucht
streitlust
zwischen
anfang und ende
zwischen
geburt und tod
projiziert
auf
mitte und leben
ein zwischenspiel
unterschiedlichster erfahrungen
von lust
bis
schmerz
ohne luft
ohne wasser
ohne brot
wolkengebilde
weiss blau
und blitzzeichnungen
in gelb
in rot
hälig hälig
sullekum
wade
was heisst das
was heisst das

erfassbar
machen
soviel wie möglich
fassbar machen
was sagt schon
viel
etwas erfassbar
ist genug
genügt für diese reise
der nebel
hat den start verwischt
und auch das ziel ist unsichtbar
die krümmung lässt den blick
dagegen stossen
was den zurückgelegten weg
betrifft
ist manches aufgezeichnet
und für die sicht nach vorn
wird nun die bühne ausgeleuchtet
es treten auf
die sänger
und die schwätzer
die sprecher
und die schreier
die weisen
und die dummen
und nur das publikum bleibt stumm

den schlaf aus den augen gewischt
das trübe durchdrungen
und in die realität getreten
soviel
zur aufnahmefähigkeit
am morgen
den tagesablauf
durchgeplant
und die zeiten der lust
eingeordnet
in körperlust
in geisteslust
in grenzenlos
und festgestellt
wie sich die zeiten gleichen
im zweifel
das tagebuch durchgeblättert
und nach erfolgen
gesucht
fern sind die gipfelsiege
und auch die tauchgänge
haben sich ins seichte
verlagert
bleibt nur der gang
an der oberfläche
dieses weitergehen
immer weitergehen

die kulturlandschaft
durchwandert
die noten
das buch
die leinwand
benützt und gelöscht
den konzertsaal
die bibliothek
das museum
besucht und gegangen
immer
ja und nein
drinnen und draussen
gefangen
entlassen
kein bleiben
im geschlossenen system
nur ein bleiben
in sich
die kleidung abgelegt
und durch die träume
geritten
ohne sattel
ohne gerte
ohne sporen
nur die zügel
lagen fest in der hand

den versuch unternommen
wahrheit zu definieren
welche wahrheit
meine
deine
ihre
unsere
da ist die wahrheit der farben
oder die einfache wahrheit
schwarz weiss
in der einsamkeit
eingeschlossen
ausgeschlossen
einer bestimmung nahegekommen
und wahrheit erfahren
die dazugehörende lüge
programmiert
gegenübergestellt
oder eingebaut
vielleicht ist auch
eins
ins andere
übergeflossen
und wurde so zum informellen gemälde
aller interpretationen
zum versuch
freiheit zu definieren

letztes bild
letzter akt
letzte reihe
letzte vorstellung
sagte er
in seiner stimme lag keine resignation
und als er sich verbeugte
stach grelles licht auf die szene
ein glitzern
ein gleissen
liess alles unwirklich erscheinen
das gespielte leben
hat keinen platz mehr auf der bühne
und die wirklichkeit ist die summe
der unterschiedlichsten realitäten
einschliesslich der noch nicht bekannten
das sagte er auch
hälig hälig
sullekum
wade
alles alles
weniger
nichts
und bevor der vorhang fällt
sagt er noch
hälig hälig
alles alles

**dieses gerede**

pausenlos

immer dieses gerede
das ausloten
der möglichkeiten
hier und hier
und
dort und dort
und
da
da
mit der option
auf einen stellungswechsel
mit dem vorgedachten
im handgepäck
im stimmungsgewirr
eingebettet
gefangen
und
wohlgefühlt

berührungen
nicht erwünscht
sich ein
          und andere
ausgeschlossen
den hausverstand strapaziert
eingeatmet
gift ausgeatmet
tief eingeatmet
                    ausgeatmet
gift versprüht
nebel
        überzieht die stadt

der vater<br>
      der mutter<br>
            der kinder<br>
ist nicht von hier<br>
die mutter<br>
       der mutter<br>
             der kinder<br>
ist nicht von hier<br>
sagt der mann am wirtshaustisch<br>
und die kinder<br>
         der kinder<br>
auch nicht<br>
sagt er<br>
     schlägt auf den tisch<br>
und trinkt<br>
      raki slibowitz und barack<br>
vielleicht auch wein

entwurf einer stadt
die es schon gibt
mit parkanlagen
voll ruhe
mit gärten
                voll zeit
mit wasseradern
durchzogenen blumenwiesen
behübschten fassaden
tischen im grünen
und plätzen
auf sand
              gebaut
wie vieles

zu wählen
zwischen
der falschen sicht auf das ganze
oder
der richtigen sicht auf das halbe
ist leicht
gesagt
getan
ist schwer
und fuss vor fuss
und
hand in hand
und hinter
vorgehaltener hand
ist jede
noch so verständliche lösung
schwer zu verstehen

das lied gesungen
immerfort
vom tod
vom tod

den menschen
gilt der menschenfeind
als tod
als tod

das lachen führt
und auch das weinen
zum tod
zum tod

es herrscht
im himmel und auf erden
der tod
der tod

und vieles ist
auch hier und jetzt
schon tot
fast tot

das fröhliche leben
vor tiefe traurigkeit
geschoben
und tanz mit mir
                    und trink mit mir
          und schlaf mit mir
und
das lustvolle leben
dem alltag geopfert
und tanz mit mir
                    und trink mit mir
          und schlaf mit mir
und
und
     sprich mit mir

so lass es nacht sein
wolkendicht
und lass sie tun
als fühlten sie sich sauber
in diesem dreck
platziert
als spielball oder spieler
mit kleinen rollen
selten grossen
beginnen sie sich zu entfalten
und kratzen an der oberfläche
und graben tiefer
tiefer
und graben sich das grab

so
wie es war
und
ist
und
werden könnte

ein morbides gebilde
ein gang ins museum
mit geschlossenen augen
lügen
und falschmeldungen
trugbild
als
weltbild
das prachtvolle theater
steht für sich allein
die vorstellung
ist abgesagt
man hört die tanzschritte
im sumpfgebiet
es bleiben
tonspuren

und

stimmen

stimmen

stimmen

**stimmt es**

sagt jemand

**es stimmt**

sagt niemand

stimmen

stimmen

stimmen

stimmen

stimm

los

**nie**

# pausenvariationen

## erste minute

meinungen ergeben sich
aus meinungen

ich bin der festen überzeugung
dass meinungen
eine meinung
ihre meinung
meine meinung

eine meinung
                    ist die

eine meinung zu haben
sagt noch gar nichts
keine meinung zu haben
sagt einiges

eine meinung
                    aus einer meinung geboren

ich erinnere mich nicht

***pause***

**zweite minute**

ich kann lineare geschichten nicht akzeptieren
und erzählungen
die diese nacherzählten geschichten
transportieren

ein leben
aus zweiter hand
gespieltes leben
lebloses leben
falsches leben
erdachtes
trotzdem
falsches leben
ereignisloses leben

ereignisse
ja
ja
nur ereignisse

***pause***

**dritte minute**

es steht geschrieben
ist gedruckt
wird aufgeführt
und dargeboten
es ist zu lesen
wird gesendet
ist publik

so ist die welt
so ist sie

das lächeln der mona lisa
ist im rahmen
                    gefangen

***pause***

## vierte minute

ab und zu
zu und auf
auf und ab
ab und an
an und bei
bei und nah
nah und fern
fern und weh
weh und dir
dir und mir
mir und
            wir
haben nichts besseres zu tun

ab und zu

***pause***

## fünfte minute

ich höre nicht
auf deine worte
ich schwöre nicht
auf stein und pein
so
    mach die tür auf
    tritt herein

und manchmal denke ich
ja
  manchmal denke ich
                                        mir
soll so sein

ich nehme den stock
ich nehme den stein

und werfe ihn

***pause***

**sechste minute**

vorurteile
zeigen nicht von
urteilsvermögen
sondern von
urteilsarmut

was allerdings bemerkenswert ist
armut
ist im gegensatz zu
 vermögen
moralisch positiv besetzt

was das urteil betrifft
kann man nie davon ausgehen
dass es
            seine richtigkeit hat

urteile werden gesprochen
vorurteile gelebt

***pause***

## siebente minute

gras oder heu
und blumen
auch wogende felder
der rauschende bach
der wind
                das meer
die blaue lagune
der taufrische boden
unter den füssen

wir treten
im wasser

und
karl marx ist nicht von uns gegangen
wir haben ihn verlassen

aus worten
                    wie diesen
werden gedichte gemacht

***pause***

**achte minute**

ich bin
hans hollein
ich bin
markus prachensky
bin auch
hans zender
und sicher bin ich
samuel beckett
ich bin nicht
gustav peichl
ich bin nicht
ernst fuchs
bin auch nicht
rene starr
und
        peter handke
bin ich auch nicht
biografien  sind geschichten
ich weiss
was von diesen geschichten
                                        zu halten ist

***pause***

## neunte minute

wie wirkt sich stille aus
und wie
artikuliert sich
                        schweigen

wo verbergen sich botschaften
und wer setzt signale

wird die pause
zum pausenraum
musikdurchdrungen

wir warten
warten wir

nein
ohne frage
das ist eine antwort

ja

***pause***

**zehnte minute**

da ist
        die grube
da ist
        die rose
da ist
        der sarg

der tod ist ein
                    ende
wie jedes andere auch
nur das sterben
                    das sterben
sollte selbstbestimmt sein

da war
        das sprechen
da ist
        nun ruhe
das ist
        der sinn

***pause***

***ende***

# 24/12

# texte für den tag X

## 1

da ist kein untergrund
der nicht
                vom schnee bedeckt
die oberfläche
ändern müsste

da ist kein rasthaus mehr
das nicht
                dem tag entsprechend
den rastlosen
die ruhe brächte

da ist kein wort zuviel
wird es
                auch zweifelnd angenommen
um wärme auszustrahlen
in der kalten zeit

**2**

es ist zuerst der schnee gekommen
dann das eis
das salz war aufgebracht
aus weiss war braun geworden
und der schnee zu wasser
da war zuerst der schnee
dann kam das eis
die stimmung und das barometer fielen
man blieb zu hause
                                        man blieb drinnen
denn da war schnee
                                            war eis
dann kam das salz
                                        das braun
                                                        der matsch
die schuhe hatten graue ränder
der schneepflug baute wieder strassen
die ordnung schien zurückgekehrt
und dann ist wieder schnee gekommen
und auch eis
das chaos war perfekt
und alles weiss
so weiss

**3**

im warmen raum
die angst verloren
vor der nacht
doch tagelang vorher
im kalten raum
mit angst gelebt

im hellen zimmer
sich geborgen und
auch wohl gefühlt
wie nie in dieser zeit davor
im dunklen zimmer
und allein

**4**

von der natur gesprochen
und sich nach menschen gesehnt

mit den menschen gesprochen
und die natur geschildert

in der natur gelebt
und die menschen verachtet

mit den menschen gelebt
und die natur bekämpft

mit der natur verbunden
dann die menschen belehrt

sich mit den menschen verbunden
und die natur geliebt

**5**

die wolke fällt
und deckt die erde zu
reales wird zurückgenommen
und nur die fantasie darf bleiben
der spielplatz wird zum ruhepol
die kreise
                    auf der wasserfläche
haben ihren lauf beendet
und alles ist
                         wie es gewesen war

die wolke flieht
und gibt den himmel frei
die sicht ist klar und weit
                                        fast grenzenlos
der ablauf ist dem ende nah
die sehnsucht ist geblieben
und alles wird
                            wie es so werden sollte

die wolke
bleibt auf ihrem platz
                                    und dräut
und nur der vorhang fällt

**6**

nur ruhe
war dem tag gemäss
nur ruhe
nur zweige
an das kreuz gebunden
nur zweige
nur träume
in den raum gestellt
nur träume
nur freunde
zu besuch gebeten
nur freunde
nur gutes
auf den tisch gebracht
nur gutes
nur schönes
für das fest erstanden
nur schönes
nur wünsche
mit der post versandt
nur wünsche
nur fragen
blieben ohne antwort
nur fragen

viele fragen

## 7

der neue schnee umhüllte das geheimnis
und finsternis traf pünktlich ein
das licht zog spuren
                    zog vorbei
die hellen fenster spielten wärme vor
wo mauern waren
                    war auch schutz
so glaubte man
so musste es wohl sein
der ofen strahlte
                    und die glut zerbarst
so glaubte man
so hatte es zu sein
die neuschneedecke
                    dieses weiss
und weiss wirkt kalt und hart und fremd
doch neues weiss
                    bringt stille
der schrei blieb ungehört
das weinen wurde nicht vernommen
und auch das bitten
                    war umsonst
die letzten züge waren abgefahren
sie fuhren wartesäle leer
kein licht zog spuren nun

und keines zog vorbei
der neue schnee umhüllte das geheimnis
und hielt es fest
ganz fest
die ganze nacht

**8**

er lauschte den klängen
die näher kamen
oder war es nur einer
ein klang
dem lauschte sie auch
dem lauschten sie alle

er hörte die lieder
die so gesungen wurden
oder war es nur eines
ein lied
das hörte sie auch
das hörten sie alle

er glaubte den texten
die überliefert waren
oder war es nur einer
ein text
dem glaubte sie auch
dem glaubten sie alle

er wünschte sich worte
gelebte worte
oder war es nur eines
ein wort
das wünschte sie auch
das wünschen wir alle

## 9

woran zu denken ist
wovon zu sprechen ist
woher die hoffnung kommt
wozu
warum den ablauf stören
                                        das vertraute
wer lebt in armut
                          lebt in angst
                                        in not
woran zu denken ist
                                liegt auf der hand
wovon zu sprechen ist
                                  liegt in der luft
woher die hoffnung kommt
                                        das liegt im
dunklen
wozu die landschaft neu entwerfen
und warum
die menschlichkeit ist bodenfern
die wirklichkeit nur künstlich
die gletscher sind bereit
auch wenn sie langsam
                                    ihr gesicht verlieren
wo nebel ist
                  da kommt auch eis
wo eis ist

zieht das leben aus
wer frost will
stellt das fragen ein
wozu
woran zu denken ist
wovon zu sprechen ist
woher die hoffnung kommt
und ob sie bleibt

**10**

es ist ein tag wie jeder andre auch
und doch
es gleicht die nacht den nächten
die davor
und doch
es ist ein abend der geschichten
vom rosenholz wird da erzählt
von thymian und myrrhe
und rauch steigt auf
wer malt die bilder der gewalt
wer lenkt den hauch der kälte
dort wo der pfeffer wächst
herrscht nicht nur wohlduft der gewürze
wer nahes sieht
sieht fern
sieht nicht die übertünchten wände
sieht nur das flimmern nach dem ende
und rauch steigt auf
der mantel des vergessens
und des schweigens
hängt am haken
griffbereit
und doch
es ist ein abend
der den stern zum strahlen bringt
es ist die zeit

von kurzer dauer
es ist noch zeit
zurzeit
noch ist es zeit

**11**

der kalte nebel hat die landschaft zugeweisst
der teich trägt eine decke aus kristall
die dämmerung sinkt auf den boden ab
und fremdes blau erstrahlt fast überall

die letzten kinder haben breughels bild
verlassen
der park gehört nun wieder sich allein
die wirklichkeit legt ihre tarnung ab
was vorher denkbar war
bleibt letztlich schein

## 12

wer hat das salz gestreut
und wer den split
wer hat das weiss zerstört
und wer die formen

wer hat das jahr gewählt
und wer den tag
wer hat den sinn erdacht
und wer die rätsel

wer hat die angst erzeugt
und wer die not
wer hat den tod bewirkt
und wer das leben

## 13

die vergeudete zeit
als gewinn erachtet
und das vergeudete geld
als besitz
und nur so dagesessen
mit offenen augen
das monochrome bild
des vereisten fensters
als aussicht erkoren
denn nichts
                    ist mehr
                                    als nichts
den entlaubten baum
als schön empfunden
und die verschwundene wiese
als pracht
und nur so dagesessen
mit geschlossenen augen
den nichtgedrehten film
vergangener zeiten
vorbeiflimmern lassen
denn nichts
                    ist mehr
                                    als nichts
zu gegebener stunde

## 14

und föhn fiel in das tal
aus dickem weiss schob sich der braune
boden
erwartungswerte stürzten tief im kurs
denn die kulissen blieben im depot
auf leerer bühne lief das spiel
und niemand
war so festlich eingestimmt
wie sonst
das publikum war irritiert
war missgelaunt
war ohne lust
die stimmung
brachte opfer
und föhn fiel in das tal
nur dünne schleier schwammen durch das
blau
die leere bühne
leerte auch den raum davor
fast menschenleer
und die
die blieben
schwelgten in erinnerungen
im letzten jahr
das letzte mal
gemäldegleich

so wie es war
wie es gewesen ist
man sprach
von inszenierungen
von traumhaft guten inszenierungen
von bildersprache und gefühl
und grenzte ein
so hat ein fest zu sein

hat so ein fest zu sein

## 15

auf die gehofft
die alles wissen

auf die gesetzt
die niemals wanken

auf die gehört
die immer sprechen

an die geglaubt
die vieles sagen

an die gedacht
die wenig haben

an die gedacht
an diesem abend

**16**

auf weiter fläche
eine bank
sonst nichts
nur diese bank
an diesem ort
zu dieser zeit
wer sie benützt
die leere bank
zu dieser zeit
der spürt
dass nur
zu dieser zeit
die aussicht
und die ansicht
zueinander
finden

**17**

der zürgelbaum<br>
      die sommerlinde<br>
            und die esche<br>
platane und der tulpenbaum<br>
die eiche birke trauerweide<br>
der gelbholz<br>
      der trompetenbaum<br>
sie alle<br>
stehen kahlgeschmückt vom winter<br>
rund um uns<br>
das tor verschlossen<br>
                                          da<br>
die tanne<br>
die tür verschlossen<br>
                                         dort<br>
die fichte<br>
die fenster aufgemacht<br>
und nichts erschaut

## 18

das schweigen
brach plötzlich die stille
das kleine
das grosse
die andacht
verdrängte das warten
worauf
und warum
im katalog der fragen geblättert
gelesen
bis tief in die nacht
und lesend
in die ferne gezogen
trompeten gehört
und posaunen
die klangmauer bestiegen
und höchste höhen erklommen
auch neues erdacht
oder altes
wer weiss
die herberge und den stall
den lichterkranz
nicht in betracht gezogen
denn was festgeschrieben steht
ist für ewig frei
wie die spuren im tiefschnee

die warnung missachtend
auf eigene gefahr
das kleine
gebar plötzlich das grosse
das schweigen
die stille
die andacht
die frage
ob sich das warten
lohnt

## 19

quer über den see
zu fuss
über unbekannten tiefen
die last
auf blindes vertrauen gesetzt
das knistern der brechenden fläche
in musik umgewandelt
die melodie im ohr
hörbar
die noten
auf tragendes wasser notiert
und keinen schmerz empfunden
beim löschen
der alten erinnerungen
erwünschtes
als ziel auserkoren
und nahe dem ufer
die lichter der häuser erahnt
und darauf zugegangen
voll hoffnung
doch zögernden schritts

## 20

dem anlass entsprechend
stillverhalten
    zwischen vergangenheit
    und zukunft
eingebettet
    in erinnerungen
    und visionen
ausgesetzt
    dem verlangen
    und den wünschen
stillverhalten
dem anlass entsprechend
    um beim läuten der glocken
    vom sog der gedanken
    mitgerissen zu werden
erst jetzt
dem anlass entsprechend

## 21

für diesen abend
nur das beste

den besten wein
das beste brot
die besten speisen
das allerbeste
                                        und
das schönste

den schönsten schmuck
das schönste haar
die schönsten kleider
das allerschönste
                                             und
das hellste

den hellsten ton
das hellste licht
die hellsten sterne
das allerhellste
                                        und
das beste

für diesen abend
etwas liebe

**22**

es war ein frauentag
wie immer
ein herrenabend für die frau
wie nie
es war ein arbeitstag
und eine stille nacht
der tisch war abgeräumt
die letzte kerze
schmolz dem ende zu
gespräche lagen in der luft
gespräche
                    blieben liegen
die kinder hatten
volle augen
                      sie
träumten sitzend in den schlaf
es sass die frau
                              und schwieg
und auch der mann
und beide sagten vieles
es war
ein herrenabend für die frau
es war
             die stille nacht
vor einem frauentag

**23**

was nicht geschehen ist
wird nicht geschehen
das glaubt man
was nicht gewesen ist
das wird nicht sein
das denkt man
und was bestanden hat
wird ewig bleiben
so hofft man
und geht
und geht weiter
und geht
beim anstieg im wald
mit gesenktem kopf
die zeichen verkannt
beim steigen im fels
nur das atmen gehört
dem heiligen augenblick entgegengefiebert
das kreuz im visier
dieser erfüllung
wo unendlichkeit und abstieg
beginnen
und das leiden ein ende hat
so glaubt man
und geht weiter
und geht

und geht durchs geröll
dem gipfel entgegen
und dass die zeit reicht
das denkt man
und hofft
auf ein fernes leuchten
und dass der letzte sonnenpfeil
die schneeschwarzen wolken
durchdringt

## 24

wenn auch beim schein der lampe
die düsternis begehrlich schien
bei tageslicht
                    schlägt schein die finsternis
bei tageslicht

wenn auch beim lauf der dinge
der höhepunkt gekommen war
der niedergang
                    liegt stets im nahbereich
der niedergang

wenn auch die wahl der mittel
bescheidenheit erkennen liess
das übermass
                    steht voll im hintergrund
das übermass

wenn auch der sinn des festes
trotz kerzenschein im dunklen lag
der unverstand
                    schafft sich die möglichkeit
der unverstand

wenn auch beim schein der lampe
die düsternis begehrlich schien

bei tageslicht
                    weicht schein der finsternis
bei tageslicht

# wie es ist,
# so ist es nicht

das kommende ist eine überlegung, die sich in sekundenbruchteilen abspielt: töten oder gefangennehmen. kurze pause. zum nachdenken, wenn man so will. ist egal, kurze pause.
schreib ich es halt auf, schrieb er, was sollte er sonst schreiben, konnte doch nur das schreiben, was er dachte, dachte ans schreiben, war für den anfang zumindest ein anfang, schrieb also auf: schreib ich es halt auf.
schrieb es nieder.
schreibt jetzt.
und hat schon probleme. probleme mit der zeit. probleme mit der person.
was also kommt, ist eine überlegung wert. soviel steht fest. sollte feststehen.
sehe es vor mir, sehe meistens das, was dahinter steckt, was nicht gesagt wird, ja, was verschleiert wird, nicht immer, gelegentlich, oft. die wahrheit steht zwischen den zeilen. darunter und darüber, dahinter, oder ganz woanders, denke ich. kenne den hintergrund und verwende trotzdem ein schönes bild: schwarzes geheimnis. das schwarze geheimnis zieht mich eben an.
druckerschwärze riecht gut. auch wenn sie für alles mögliche verwendet wird. der grösste

stumpfsinn und die volle wahrheit riechen gleich. erregend für die einen, ich rieche nichts, sagen die anderen. die, die nichts riechen, können auch nichts sehen, und die, denen diese sinne fehlen, die können auch nicht lesen.
analphabetentum ist aber nicht die richtige bezeichnung.
brüder und schwestern im glauben. glauben alles. fressen, was sie vorgesetzt bekommen, fressen einfach alles. allesfresser mit feinen manieren, mit perfekten tischsitten. achtzehn grad hat der rotwein zu haben, zehn grad der weisse. die temperatur ist in ordnung, das halte ich auch so, nur die voraussetzung ist bei mir eine andere, die überlegung.
kurze pause. denke nach.
töten oder gefangennehmen?
was soll das beim essen, beim trinken, beim geselligen beisammensein?
ist doch an den haaren herbeigezogen, sagt irgendwer.
an welchen, und was? frage ich, und gebe mir sogleich die antwort.
an den haaren herbeigezogen wird fast immer der kopf. muss nicht immer hingehalten werden, der kopf, kann auch ein kopf sein, der

im augenblick nichts tut, denken zum beispiel.
obwohl denken und nichtdenken
manchmal zum selben ergebnis führen
können.
ansichtssache, sagen sie.
töten oder gefangennehmen? frage ich. was
sagen sie jetzt?
lange pause. nachdenkpause.
ja, man muss sich alles gut überlegen, fahre
ich fort, aber überlegen, führe ich noch aus: ist
ein guter anfang.
soviel zum anfang, der einleitung, den ersten
worten.
aus einzelnen wörtern werden sätze. genauer:
ich bilde sätze. ob das schon eine sinnvolle
tätigkeit ist, sei dahingestellt. aber einen
versuch ist es wert. also was will ich sagen?
darauf kann mir keiner antworten, da ich
selber noch nicht so genau weiss, wohin der
kugelschreiber läuft.
kein besonders gelungener vergleich, feder
wäre schöner, aber up to date lässt auch: mit
der zeit gehen, stehen.
beim übertragen in den computer ist das
ganze dann schon gezielter. da versteht
zumindest einer, was ich will. nämlich ich.
damit wäre nicht nur der anfang, sondern auch
der ausgangspunkt fixiert.

was nun?
pause machen? nein. weitermachen!
wenn es läuft, soll man es weiterlaufen lassen.
seine vorstellungen zu papier bringen, diese papiere in ein kuvert stecken, porto nicht vergessen, und es absenden. ich sage nicht wohin, und auch nicht, was dann damit geschieht. warum? kabarettisten gibt es hierzulande genug. eben.
also: zurück zum töten oder gefangennehmen.
nein, sie liegen fasch. es ist ein ernstes thema, sie können mir vertrauen.
eine vorstellung muss vorhanden sein, das ist voraussetzung, sonst bricht das ende sofort herein, die nacht, die finsternis.
der tag wird also ausgenützt, denn auf lange sicht gesehen, kommt die nacht sowieso. was sich in der nacht abspielt, steht nicht zur diskussion, noch nicht. der tag sorgt genug für verwirrung.
die zeit heilt alle wunden, die nacht schliesst sie nur. jetzt bohren wir gemeinsam in diesen wunden, untertags, zur arbeitszeit.
nachtarbeit? fragen sie, was ist damit?
gut, einigen wir uns auf arbeitszeit, egal zu welcher zeit. wir wollen doch licht in die angelegenheit bringen. und sei es mit hilfe des elektrischen stroms.

scheinwerfer, blitzlichtgewitter, strahlenkranz.
licht ins dunkle.
licht ins dunkle, welch eine vision.
auf grund unseres geschichtlichen, zivilisatorischen, kulturellen standes, ist kannibalismus kein wirkliches thema mehr. ich lasse mehl, wasser, wein, sowie leib und blut ausser betracht. ich empöre mich über greueltaten anderswo. weit weg. kann aber diese gegenden nicht sofort abrufen. anderer kontinent.
werde plötzlich unsicher: wirklich? anderer kontinent?
korrigiere auf: andere kultur, entwicklungsrückstand, andere moral.
kaum angedacht, niedergeschrieben, wird mir schlecht. speiübel. wie das wort moral im spiel ist, in seiner ganzen scheinwertigkeit, muss ich kotzen. eigentlich ist es weniger das wort, das schuld ist, es sind die ausleiher, die, die sich die moral überziehen. moral ist ein perfektes kleidungsstück für diese typen.
sie kennen sie genau so gut, wie ich sie kenne. aber wenn sie wollen, kann ich sie beim namen nennen. ja? fragen sie mich später danach. ich nehme den faden wieder auf. zurück zu den menschenfressern.

unvorstellbar heute. ein paar jahrzehnte danach. unvorstellbar.
reissen die arme aus den gelenken. ein fetzen fleisch aus dem oberarm, kurz angebraten.
wie das schmeckt?
kurze pause. atempause.
oder ein festes stück vom oberschenkel. helles oder dunkles fleisch? ich weiss es nicht. das kann ich nicht beantworten. das geht mir zu weit. keine details, keine speisekarte, keine sensationen, kein bericht. das lässt sich dort erfahren, wo wir immer alles erfahren.
erfahrungswerte gebären erwartungen.
wer übernimmt die mutterschaft, wer die vaterschaft, was geschieht mit den nackten kindern, die hier herumkriechen? die sich entwickeln und, von der erziehung zum leben ausgestattet, davonfliegen. fliegen.
nein, meine erwartungen sind nicht eingetroffen. keine blutsauger, dafür fliegen. unmengen von fliegen. seit der kriegs- und nachkriegszeit wurde ich noch nie so von fliegen belästigt, wie jetzt. ja, jetzt.
die hitze klebt an mir. ich fühle mich, wie in plastik eingeschweisst . bekomme fast keine luft. atme langsam und bedächtig. trotzdem kommt kein kühler schauer über mich. atme, atme tief, denke.

überlege: töten oder gefangennehmen?
was würde ich tun? bliebe mir überhaupt eine wahl? könnte ich es entscheiden? kann ich es entscheiden?
mir ist entschieden zu heiss, um etwas zu entscheiden, verschiebe es auf einen späteren zeitpunkt. nachtarbeit.
zu meiner rechtfertigung erkläre ich dieses problem zum immer schon dagewesenen problem. natürlich, die voraussetzungen haben sich geändert. die oberfläche ist eine andere, und die hilfsmittel sind auf dem letzten stand. hilfsmittel sind mittel, mit denen nicht geholfen wird, sondern man erzeugt damit einen zustand, der betroffene menschen, um hilfe flehen lässt.
waffen sind zum beispiel innovative, technische hilfsmittel, um die freiheit zu sichern. bei freiheit drängt sich sofort der begriff freiraum auf.
ohne es zu wollen, ohne nachgedacht zu haben, fällt mir spontan ein gedicht ein. es muss an der hitze liegen. frage: ist ein haiku ein gedicht, ein spruch, ein bild? ich entschliesse mich zu: was solls.
ob das sinnbild des originals richtig übertragen wurde, kann ich nicht beurteilen. das zählen

der silben hat der übersetzer jedenfalls beherrscht.
fünf, sieben, fünf:

erkläre niemals:
wie es ist, so ist es nicht,
visionären.

zurück zum text:
es könnte sie ihre stellung kosten, ihren guten ruf, ihre existenz, ja, sogar ihr leben. seien sie beim hinterfragen von visionen vorsichtig.
technik ist fortschritt. die technik, ja.
kennen sie visionen, die ein anderes gebiet betreffen und realisiert werden, oder schon wurden? wenn sie mir jetzt mit irgendwelchen erscheinungen kommen, kommen sie bei mir nicht an. da bin ich der falsche ansprechpartner.
da kann ich nur sagen: behalten sie sich diesen scheiss!
endlich habe ich die richtige wortwahl gefunden, um verständlich und zeitgemäss zu kommunizieren. hand auf die brust, hand auf den bauch, hand auf die augen, fast eingeschlafen, in die tiefe gesunken, sich wohl gefühlt, schmerzfrei aufgestanden und die adresse weitergegeben.
hand aufs herz. natürlich gibt es dinge, die wir nicht erklären können.

das ist richtig, steht ausser zweifel. ja, hand aufs herz.
kann die hand aber dort nicht liegen lassen, ich will weiterschreiben.
muss aber zuerst weiterdenken. denke natürlich sofort an:
töten oder gefangennehmen?
verliere mich im denken, verliere mich in erinnerungen, verliere mich und finde, finde mich wieder als mittelpunkt in diesen kleinen geschichten. erfinde geschichten, erfinde sie, um den mittelpunkt als mittelpunkt zu erhalten. um mich zu erhalten, am leben und als mittelpunkt.
sie war eine schöne frau.
in nacherzählungen, die man zum besten gibt, sind die personen immer: schön, gross, schlank, liebenswert. und blond, wenn es sich um frauen handelt. schwarze begebenheiten gibt man nicht zum besten. die erinnerungen an das schreckliche bleiben zugeschüttet.
sie war eine sehr schöne frau. und sie hatte eine wohltönende stimme.
diese stimme habe ich heute noch im ohr. diese stimme, die damals sagte: ich möchte ein kind von dir. sie sagte es am beginn, und sie sagte es dazwischen. meine hände lagen auf ihren brüsten, meine hände steckten

zwischen ihren beinen. die linke hand nur kurz, die rechte blieb. meine finger berührten ihre scham, die schenkel wichen zurück, zögernd, manchmal stockend, aber sie wichen. ich weiss noch, dass ich nicht genug bekommen konnte von dieser berührungsorgie: angreifen, ausgreifen, ergreifen, begreifen. ich nahm meinen penis, stülpte ein präservativ darüber, und, ja, ich hatte dieses: ich will ein kind von dir, in den ohren, als ihr körper meinen schwanz in sich hatte. dort blieb er. druck und gegendruck. eine komposition rhythmischer variationen. sperma schoss, und krepierte in gefangenschaft.
sie war eine schöne frau. sie war ein wunderschöner körper. als sie ihren slip anzog, wurde dieser nicht nass, auch nach minuten nicht. sie streifte ihr kleid über und ging. kein wort sagte sie, als sie ging. auch ich blieb stumm.
hätte es etwas gebracht, wenn ich es ihr erklärt hätte? ich bin verstrahlt, hätte ich sagen müssen. ich habe angst, hätte ich sagen müssen. ich hatte lust, sagte ich, tonlos, stimmlos, wortlos.
ich hatte lust, sagte ich, spürbar.
wie das schicksal so spielt, sagen sie.

nein! sage ich. wie sich visionen erfüllen, sage ich, sich erfüllen und ausstrahlen.
töten oder gefangennehmen? schiesst es mir durch den kopf.
und woran sonst noch denken?
was geschah, was geschieht, was wird geschehen?
bin unschlüssig und kann nicht weiter. lehne mich zurück, und:
kurze pause.
richtig geraten, sie haben den rhythmus heraussen. wir könnten gemeinsam weitermachen, aber das wäre nur so ein dahinschwimmen an der oberfläche, kein tauchgang.
druck muss sein, ein stechen in der lunge, langsam ansteigende angst, und diese plötzliche vorstellung, dass die luft zu ende geht.
ja, unter druck, da kommen die genialen gedanken, wird alles flüssig, wird alles gasförmig, verwandelt sich die realität in eine neue, virtuelle welt. avatare werden zum fixen bestandteil unseres lebens. die götter in der menschenhülle entpuppen sich, und schlüpfen, sinnentleert, in elektronische comicsfiguren. eine vision steigt vor meinen

augen auf, eine, die schon so manche auserwählte hatten: gleichheit!
ich breche aus, aus meinem traum, und sage: so nicht. nein, so nicht.
dieser garten, mit all seinen bonsais, braucht keinen schnitt, er braucht wasser. frisches wasser, reine luft, natürliche wärme. dieser garten braucht keine baumuntertanen, er braucht bäume, die genügend schatten spenden, damit die menschen zur ruhe kommen. die zukunft liegt im verteilen, nicht im erzwingen.
fast hätte ich jetzt: verstanden? angefügt, aber ich stoppe noch rechtzeitig, denn wer versteht schon visionen? visionen jeder art:
angedachte und entwickelte, verwirklichte und verkaufte. und missbrauchte.
wenn es zu dunkel ist, sind blitzlichter bei momentaufnahmen eine notwendigkeit, dieses schwarzweissspiel kann aber manchmal auch nur aus ästhetischen gründen stattfinden.
ausarbeitung zum objekt. vorher: konzept, projekt. stimmt das so, oder ist die reihenfolge umgekehrt?
der ablauf ist unerheblich, das produkt ist auf jeden fall ein fragwürdiges produkt. alle ergebnisse sind zu hinterfragen. alle. da lege ich mich fest.

das gleiche gilt für antworten. antworten haben neue fragen zu beinhalten. fragen, die zu beantworten sind. und diese antworten sind natürlich in frage zu stellen. kommt auf diese frage eine antwort, fragen sie nach, geben sie sich mit der neuen antwort nicht zufrieden, fragen sie erneut, denn eine antwort muss eine frage nach sich ziehen, sonst bleiben alle fragen ohne antwort.
ich mache eine kurze pause, hole tief luft, und denke mir: was soll die ganze fragerei? die antworten sind auch nicht besser, denke ich ebenfalls. und schreibe nieder: auf antworten kannst du dich nicht verlassen.
so, da steht es, schwarz auf weiss.
dokumentiert für die ewigkeit.
ewigkeit ist ein schwammiger begriff, ein vokabel, das trieft, nahe am kitsch, und weit entfernt von der menschlichen endlichkeit.
also neu: schwarz auf weiss dokumentiert für die endlichkeit.
ich mache trotzdem weiter, breite mich aus, stelle mich blind. und bringe es auf den punkt.
ende.
vorläufiges ende, denn irgendwann muss das eine noch geklärt werden, ist eine entscheidung zu treffen, muss ich mich entscheiden.

obwohl die frage eine allgemeine frage ist:
töten oder gefangennehmen?
lange pause.
die wirklichkeit läuft ab.

# sprüche

nur der denkende
erlebt sein leben
am gedankenlosen
zieht es vorbei

was du freiwillig tust
ist meistens richtig
was dir befohlen wird
ist immer falsch

sich anlehnen
macht stark
sich auflehnen
macht frei

eine gehorsame frau
und ein dummer mann
welch ein ideales
paar

auch bei regen
sollte man
sein engagement
nicht ablegen

es gibt den himmel
nur auf erden
und was nicht ist
das muss noch werden

im namen des volkes
geschieht
der wille
der mächtigen

die weisheit
des alters
ist das alter
der weisheit

bei einem würdelosen
leben
fürchtest du
den würdelosen tod

nicht nach der uhr
nach den
ereignissen
bestimme die zeit

wie beschränkt
sind doch
väter
und wie mächtig

obwohl sich tagtäglich
neues ereignet
bleibt bei den meisten
alles beim alten

wer nichts sieht
und nichts hört
wird es
spüren

blumen im garten
begrenzen deine sicht
die in der wiese
lehren dich sehen

nur wer
nein denkt
kann auch
nein sagen

## inhaltsverzeichnis

**horst lothar renner**

geb. 1936 in wien. lebt und arbeitet in wien. veröffentlichungen von lyrik und prosa. aufführungen von theaterstücken und hörspielen. teilnahme an ausstellungen „visuelle poesie“ im in- und ausland. auszeichnungen: preise für prosa, hörspiel und lyrik.
buchveröffentlichungen:
**annäherungsversuch** (gedichte1961 – 2001, haiku, prosa) academic publishers, 2001
**zeile um zeile** (weinland kulturland – gedichte) united p.c. verlag, 2015
**wortspende** (arrangement für eine männliche stimme) united p.c. verlag, 2015
**dahingesagt** (ein wortwechsel) united p.c.verlag, 2015
**schönreden oder totschweigen** (gedichte 2001-2015) rediroma verlag, 2016
**dahinter und davor** (gedichte - fotos von peter hassmann) verlag arteimago, 2016
**kurz und gründig** (gedichte) rediroma verlag, 2016
**asche nicht erde** (theaterstück) rediroma verlag, 2017
**für sprachlose sprechen** (gedichte) rediroma verlag, 2017
**3 hörspiele** (35a, hafelekar, noch nicht. noch) rediroma verlag, 2017

www.hlr.at